BEI GRIN MACHT SICH IHR WISSEN BEZAHLT

Bibliografische Information der Deutschen Nationalbibliothek:

Die Deutsche Bibliothek verzeichnet diese Publikation in der Deutschen National-
bibliografie; detaillierte bibliografische Daten sind im Internet über http://dnb.d-
nb.de/ abrufbar.

Dieses Werk sowie alle darin enthaltenen einzelnen Beiträge und Abbildungen
sind urheberrechtlich geschützt. Jede Verwertung, die nicht ausdrücklich vom
Urheberrechtsschutz zugelassen ist, bedarf der vorherigen Zustimmung des Verla-
ges. Das gilt insbesondere für Vervielfältigungen, Bearbeitungen, Übersetzungen,
Mikroverfilmungen, Auswertungen durch Datenbanken und für die Einspeicherung
und Verarbeitung in elektronische Systeme. Alle Rechte, auch die des auszugsweisen
Nachdrucks, der fotomechanischen Wiedergabe (einschließlich Mikrokopie) sowie
der Auswertung durch Datenbanken oder ähnliche Einrichtungen, vorbehalten.

Impressum:

Copyright © 2011 GRIN Verlag
Druck und Bindung: Books on Demand GmbH, Norderstedt Germany
ISBN: 9783656449485

Dieses Buch bei GRIN:

https://www.grin.com/document/229660

Stefan Fuchs

Hygiene in Rom. Die Bedeutung von Bädern, Thermen und Latrinen für die römische Gesellschaft

GRIN Verlag

GRIN - Your knowledge has value

Der GRIN Verlag publiziert seit 1998 wissenschaftliche Arbeiten von Studenten, Hochschullehrern und anderen Akademikern als eBook und gedrucktes Buch. Die Verlagswebsite www.grin.com ist die ideale Plattform zur Veröffentlichung von Hausarbeiten, Abschlussarbeiten, wissenschaftlichen Aufsätzen, Dissertationen und Fachbüchern.

Besuchen Sie uns im Internet:

http://www.grin.com/

http://www.facebook.com/grincom

http://www.twitter.com/grin_com

Ruhr Universität Bochum
Fakultät für Geschichtswissenschaft
- Historisches Institut

Studiengang: BA Geschichte
Modul: Modul I
Lehrveranstaltung: 040031 - IPS Minderheiten, Gruppe 2
Arbeitseinheit: Antike

Semester: WS 2011/2012

Referatsverschriftlichung zu

Hygiene in Rom

Was verstanden die Römer unter Hygiene und stand sie allen Gesellschaftsschichten gleich zur Verfügung?

Eingereicht am: *18.11.2011*

Stefan Fuchs

Geschichte, Religionswissenschaft (BA)
2. Fachsemester

Inhaltsverzeichnis

I. Einleitung

Das antike Rom war eine Millionenstadt. Für unsereins scheint es nahezu unbegreiflich, wie die Menschen mit den damaligen Mitteln auf so engen Raum leben konnten. In vielerlei Hinsicht hatte das antike Rom mit denselben Problemen zu kämpfen wie heutige Metropolen: Smog, Lärmbelästigung, Umweltverschmutzung.[1] Doch wie sahen die hygienischen Verhältnisse zu dieser Zeit aus? Was verstanden die Römer überhaupt unter Hygiene? Und stand sie allen Gesellschaftsschichten gleich zur Verfügung?

Der Beantwortung dieser Fragen widmen sich nur wenige Übersichtswerke.[2] Hygiene wird vielmehr am Rande übergeordneter Themenkomplexe behandelt. Zudem ist die Quellenlage problematisch. Die Text- und Bildzeugnisse, die überliefert sind, stammen meist von der intellektuellen Elite, schildern also die Lebensumstände aus deren Perspektive und eher selten aus der des gemeinen Populus. Selbst die wenigen Quellen, die aus deren Sicht vorliegen, schildern zunächst Einzelschicksale, von denen sich nicht auf die gesamte römische Bevölkerung schließen lässt. Daher beruhen viele Darstellungen auf Vermutungen aufgrund der Lebenssituation und der Wohnverhältnisse im antiken Rom.[3]

Deshalb werde ich im Folgenden auch zunächst auf diesen Komplex eingehen, um die Bedeutung der öffentlichen Hygieneeinrichtungen wie den Latrinen sowie Bädern und Thermen zu unterstreichen.

II. Wohnverhältnisse

Die Lebensverhältnisse galten selbst für die damaligen Maßstäbe als miserabel. Im antiken Rom lebten rund eine Millionen Einwohner, die größtenteils konzentriert im Stadt-

---

[1] Vgl. Karl-Wilhelm Weeber: Alltag im alten Rom. Das Landleben ; ein Lexikon, Düsseldorf [u.a.] 2000, S. 315-316.
[2] Vgl. Erika Brödner: Die römischen Thermen und das antike Badewesen. Eine kulturhistorische Betrachtung, Darmstadt 1983, S. 9-10.
[3] Vgl. Karl-Wilhelm Weeber: Alltag im alten Rom. Das Landleben ; ein Lexikon, Düsseldorf [u.a.] 2000, S. 8.

kern wohnten.[4] Die meisten lebten in einem der 46 000 *insulae*, Mietkasernen, die bis in den 6 Stock reichten.[5] Das höchste von ihnen war sogar über die Stadtgrenzen hinaus als erstes Hochhaus bekannt.[6] Trotz diverser Baubestimmungen wurden Häuser so hoch und verwinkelt gebaut, dass teilweise benachbarte Wohnungen niemals das Sonnenlicht sahen. Die Kellerwohnungen hatten nicht einmal Fenster.[7]

Aufgrund der hohen Nachfrage und des geringen Angebots waren die Mieten dennoch hoch und die Wohnungen mehrfach untervermietet.[8] „Dabei gab es auch Wohnquartiere, wo weniger als ein halber Quadratmeter pro Bewohner zur Verfügung stand"[9].

Hinzu kam die mangelnde Müllentsorgung. „Beim Essen wurden Speisereste häufig einfach auf den Boden geworfen. Der Unrat trat sich fest und wurde irgendwann mit einer Schicht neuen Lehms überdeckt oder auf der Straßen mit Schotter überzogen"[10]. Der restliche Müll landete entgegen Verboten auf der Straße. Passanten liefen nachts nicht selten Gefahr davon sowie von dem Inhalt der Nachttöpfe und Waschschüsseln getroffen zu werden, den die Bewohner der *insulae* aus dem Fenster kippten.[11] [12] Denn in den meisten Wohnungen gab es weder Latrinen noch fließendes Wasser.[13] [14] Wenn Wasser gebraucht wurde, konnte dieses aus einem nahegelegenen Brunnen, im günstigsten Fall lag dieser im Hof, geholt und in die oberen Etagen getragen werden.[15]

Die Wohnverhältnisse waren somit ideal für die Ausbreitung von Krankheiten, Epidemien und Seuchen. Am häufigsten waren Fieber und Durchfallerkrankungen, die nicht

---

[4] Vgl. Christiane Kunst: Leben und Wohnen in der römischen Stadt, Darmstadt 2006, S. 99.

[5] Vgl. Hartmut Galsterer: „Mens sana in copore sano". Der Mensch und sein Körper in römischer Zeit, in: Arthur E. Imhof (Hrsg.): Der Mensch und sein Körper. Von der Antike bis heute, München 1983, S. 31-45, hier S. 37.

[6] Vgl. Christiane Kunst: Leben und Wohnen in der römischen Stadt, Darmstadt 2006, S. 102.

[7] Vgl. Stefan Winkle: Die sanitären und ökologischen Zustände im alten Rom und die sich daraus ergebenden städte- und seuchenhygienischen Maßnahmen, in: Hamburger Ärzteblatt, (1984) 6 u. 8, S. 1-20, hier S. 5.

[8] Vgl. Christiane Kunst: Leben und Wohnen in der römischen Stadt, Darmstadt 2006, S. 114.

[9] Ebd., S. 110.

[10] Ebd., S. 47.

[11] Vgl. ebd., S. 112.

[12] Vgl. Hartmut Galsterer: „Mens sana in copore sano". Der Mensch und sein Körper in römischer Zeit, in: Arthur E. Imhof (Hrsg.): Der Mensch und sein Körper. Von der Antike bis heute, München 1983, S. 31-45, hier S. 37.

[13] Vgl. ebd., hier S. 37.

[14] Vgl. Christiane Kunst: Leben und Wohnen in der römischen Stadt, Darmstadt 2006, S. 46.

[15] Vgl. ebd., S. 40.

wenig zur hohen Kindersterblichkeit beitrugen. Aber auch Erwachsene blieben davon nicht verschont.[16]

Nicht nur die soziale Unterschicht lebte in den Mietskasernen, sondern auch einfache Senatoren, die sich besseres nicht leisten konnten.[17] Die Elite hob sich von der Masse nicht nur durch geräumige Einfamilienhäuser, den sogenannten *domus*, ab, sondern auch durch „ökonomische Unabhängigkeit"[18]. „Wenn ein Vornehmer ein Bad oder eine Latrine (…) in seinem eigenen Hause unterhielt, dann konnte er kaum besser seine eigene Freiheit und Erhabenheit ins Bild setzen"[19]. Der Kaiser entschied darüber, ob jemandem ein privater Wasseranschluss gewährt wurde. Meistens war dies ein Zeichen für einen aufsteigenden Stern innerhalb der Politik.[20] Die Gebühren und Baukosten mussten die Günstlinge jedoch selbst tragen.[21] „Amtspersonen, Senatoren und Stadträte in den kleineren Städten hingegen besaßen das Privileg der unentgeltlichen Wassernutzung"[22].

III.   Öffentliche Hygieneeinrichtungen

Um die Missstände bei den Wohnverhältnissen auszugleichen, gab es die öffentlichen Einrichtungen. Dies ist keine Bewertung aus heutiger Zeit in der Rückblende, vielmehr gelebte Politik, denn bei den Kaisern galt nicht nur „Brot und Spiele", um den Populus wohlzustimmen, sondern auch Hygiene. So waren nicht wenige Einrichtungen kaiserliche Stiftungen.[23]

---

[16] Vgl. Christiane Kunst: Leben und Wohnen in der römischen Stadt, Darmstadt 2006, S. 44.
[17] Vgl. ebd., S. 114.
[18] Ebd., S. 63-64.
[19] Ebd., S. 63-64.
[20] Vgl. ebd., S. 39-40.
[21] Vgl. ebd., S. 38.
[22] Ingemar König: Vita Romana. Vom täglichen Leben im alten Rom, Darmstadt 2004, S. 74.
[23] Vgl. ebd., S. 202.

A. Latrinen

Die öffentlichen Latrinen standen jedem gegen einen geringen Obolus offen. Diese waren nicht nur aus solidem Stein gebaut und teilweise mit Marmor und Mosaiken geschmückt[24], sie verfügten zudem auch über eine Spülrinne, ein Handwaschbecken, fließendes Wasser und waren mit dem Abwassersystem verbunden. Die öffentlichen Latrinen wurden ebenso von höhergestellten Persönlichkeiten aufgesucht[25] und stellten neben dem eigentlichen Geschäft auch einen Ort der sozialen Interaktion dar.[26] [27]

B. Bäder und Thermen

Die weitaus bedeutenderen öffentlichen Hygieneeinrichtungen waren jedoch die Bäder bzw. ihr größeren Pendent die Thermen.

Vor dem Bad wurde vom Personal strengstens darauf geachtet, dass sich die Besucher Schweiß und Öl mit einem Striegel abschabten sowie den Körper mit heißem Wasser reinigten – Seife war zu dieser Zeit unbekannt.[28] [29] Als weitere Maßnahme wurden die Becken ständig mit fließendem Wasser durchgespült, um diese vom Dreck zu reinigen.[30] Früher – zur Zeit des Scipio Africanus (3. – 2. Jh. v.d.Z.) - schien es anders gewesen zu sein, der römische Philosoph, Lucius Annaeus Seneca, genannt der Jüngere, schrieb in seinem 86. Brief an Lucilius:

> „Man goß nicht dauernd Wasser zu, es strömte nicht wie aus einer warmen Quelle, und man hielt es für unerheblich, ob das Wasser kristallklar war, in dem man seinen Schmutz abspülte (…) Er (Anm. S.F.: Scipio Africanus) badete nicht in gefiltertem Wasser, nein, oft war es trübe, und wenn es heftig regnete, fast schmutzig. Es machte ihm nicht viel aus, so zu baden: er kam, um seinen Schweiß, nicht um das Salböl abzuspülen".[31]

---

[24] Vgl. Christoph Höcker: Art. Latrinen, in: Der Neue Pauly 6 (1999), Sp. 1180-1181, hier Sp. 1181.
[25] Vgl. Christiane Kunst: Leben und Wohnen in der römischen Stadt, Darmstadt 2006, S. 112.
[26] Vgl. ebd., S. 41-42.
[27] Vgl. Hartmut Galsterer: „Mens sana in copore sano". Der Mensch und sein Körper in römischer Zeit, in: Arthur E. Imhof (Hrsg.): Der Mensch und sein Körper. Von der Antike bis heute, München 1983, S. 31-45, hier S. 40.
[28] Vgl. ebd., hier S. 40.
[29] Vgl. Ingemar König: Vita Romana. Vom täglichen Leben im alten Rom, Darmstadt 2004, S. 205.
[30] Vgl. ebd., S. 205.
[31] Sen. Ag.: Epist. 86, 9-12.

Das Wasser scheint also weniger aus hygienischen Gründen gefiltert worden zu sein, als vielmehr weil es als „angenehm" empfunden wurde im sauberen Wasser zu baden.

Wie oft badete der Römer eigentlich? Laut Seneca badete Scipio Africanus:

> „(…) nicht einmal alle Tage. (…) daß man zwar Arme und Beine täglich wusch, die bei der Landarbeit natürlich den ganzen Schmutz abbekommen hatten, im übrigen aber ein Vollbad immer am Markt-Tag nahm."[32]

Ergo während der Römer früher einmal die Woche badete, tat er es zu Senecas Zeiten (1. Jh. n.d.Z.) jeden Tag. Für Seneca war dies jedoch nur ein weiterer Beleg dafür, dass die römische Gesellschaft verweichlichte und nach Annehmlichkeiten suchte, anstatt es als hygienische Maßnahme zu werten.

Bäder konnten von den Römern für ein geringes Entgelt genutzt werden. Zu Senecas Zeiten kosteten die Bäder „einen Sechser"[33], später zwischen einem halbem und einem ganzen As. In manchen Fällen – den kaiserlichen Stiftungen - waren sie sogar kostenlos. Kinder, Soldaten, kaiserliche Freigelassene und Sklaven zahlten grundsätzlich nichts.[34] Alles was man nicht von zuhause mitgebracht hatte, wie Holzsandalen, Handtücher, Öle und Striegel konnte wiederrum gegen eine Gebühr entliehen werden.[35]

Dabei boten die Bäder weit mehr als nur die Möglichkeit sich zu säubern. Sie waren Orte der Geselligkeit. Je nach Ausstattung boten sie Sportanlagen, Bibliotheken, Theater, Kneipen und vieles mehr. Hartmut Galsterer sprach in diesem Zusammenhang auch von der „römischen Universalunterhaltungsanstalt"[36].[37]

Weder Alten, Kranken, Frauen, Kindern noch Sklaven war der Badebetrieb verboten. Höchstens wurden sie zu unterschiedlichen Zeiten ins Bad gelassen und

---

[32] Sen. Ag.: Epist. 86, 12.
[33] Ebd. 86, 9.
[34] Vgl. Ingemar König: Vita Romana. Vom täglichen Leben im alten Rom, Darmstadt 2004, S. 202.
[35] Vgl. ebd., S. 205.
[36] Hartmut Galsterer: „Mens sana in copore sano". Der Mensch und sein Körper in römischer Zeit, in: Arthur E. Imhof (Hrsg.): Der Mensch und sein Körper. Von der Antike bis heute, München 1983, S. 31-45, hier S. 37.
[37] Vgl. ebd., hier S. 37-38.

das mehr aus dem Grund, weil Frauen und Männer nicht zusammen baden sollten, weil sie in der Regel nackt waren. Kranke badeten mit den Frauen, da sie als nicht so attraktiv galten, als dass eine sittliche Gefahr bestünde.[38] Neben den öffentlichen Bädern gab es auch private, die der Elite vorbehalten waren und meist auf dem Anwesen einer Privatperson standen.[39]

---

[38] Vgl. Ingemar König: Vita Romana. Vom täglichen Leben im alten Rom, Darmstadt 2004, S. 201.
[39] Vgl. ebd., S. 202-203.

IV. Fazit

Zusammengefasst gab es im Imperium Romanum durchaus Einrichtungen, die der Hygiene dienten. Wie man jedoch an den Zuständen in den Häusern und Gassen sieht, hatten die Römer kein direktes Bewusstsein für unseren heutigen Begriff der Hygiene. Laut Seneca wurden selbst die öffentlichen Latrinen und Bäder primär aus ästhetischen Gründen sowie zur sozialen Interaktion aufgesucht und erst sekundär aus einem Sauberkeitsbedürfnis heraus.

Was die Nutzung jener Einrichtungen betraf, gab es keine Einschränkung. Jeder Bürger hatte kostengünstigen Zugang zu ihnen. Die dem Kaiser Nahestehenden waren teilweise durch freien Eintritt sowie kostenlose Wasserversorgung privilegiert. Darüber hinaus nutzte die Elite private Einrichtungen, die dem Populus vorenthalten wurden.

Natürlich zählen zur Hygiene noch viel mehr Aspekte als die allgemeine Wohnsituation sowie öffentliche Hygieneeinrichtungen, und selbst die angesprochenen wurden nicht in ihrer Gänze dargestellt. Dies ist den formalen Anforderungen geschuldet, die nur einen groben Überblick über die hygienischen Verhältnisse im antiken Rom zulassen. Was im Zuge dieser Arbeit ausgelassen wurde, sind z.B. die Tafelgepflogenheiten, die tägliche Mundhygiene, die Intimpflege und die Medizin. Alles Bereiche, in denen wissenschaftliche Kenntnisse vorliegen, wenn auch nicht im selben Umfang wie dies bei den Badeeinrichtungen der Fall ist.

Literatur- und Quellenverzeichnis

Literatur

Lexikonartikel

- Bagg, Ariel M.; Höcker, Christoph: Art. Wasserversorgung, in: Der Neue Pauly 12/2 (2003), Sp. 403-415.

- Höcker, Christoph: Art. Latrinen, in: Der Neue Pauly 6 (1999), Sp. 1180-1181.

- Hünemörder, Christian; Hurschmann, Rolf: Art. Schwamm, in: Der Neue Pauly 11 (2001), Sp. 272.

- Hurschmann, Rolf: Art. Körperpflege und Hygiene, in: Der Neue Pauly 6 (1999), Sp. 627-629.

- Hurschmann, Rolf: Art. Seife, in: Der Neue Pauly 11 (2001), Sp. 350-351.

- Nielsen, Inge: Art. Bäder, in: Der Neue Pauly 2 (1997), Sp. 397-400.

- Nielsen, Inge: Art. Thermen, in: Der Neue Pauly 12/1 (2002), Sp. 414-427.

Monographien

- Brödner, Erika: Die römischen Thermen und das antike Badewesen. Eine kulturhistorische Betrachtung, Darmstadt 1983.

- König, Ingemar: Vita Romana. Vom täglichen Leben im alten Rom, Darmstadt 2004.

- Kunst, Christiane: Leben und Wohnen in der römischen Stadt, Darmstadt 2006.

- Weeber, Karl-Wilhelm: Alltag im alten Rom. Das Landleben ; ein Lexikon, Düsseldorf [u.a.] 2000.

Zeitschriftenartikel

- Hantos, Theodora: Römer und Germanen, in: Praxis Geschichte, (1989) 4, S. 6-13.

- Winkle, Stefan: Die sanitären und ökologischen Zustände im alten Rom und die sich daraus ergebenden städte- und seuchenhygienischen Maßnahmen, in: Hamburger Ärzteblatt, (1984) 6 u. 8, S. 1-20.

Fachaufsätze in Sammelbänden

- Galsterer, Hartmut: „Mens sana in copore sano". Der Mensch und sein Körper in römischer Zeit, in: Arthur E. Imhof (Hrsg.): Der Mensch und sein Körper. Von der Antike bis heute, München 1983, S. 31-45.

Quellen

Textquellen

- Seneca, Lucius Annaeus: Epistulae morales ad Lucilium, hrsg. von Ernesto Grassi u. übers. von Ernst Glaser-Gerhard, Schleswig 1965.